ERICH KÄSTNER

DAS DOPPELTE LOTTCHEN

Bearbeitet von: Iris Felter
Illustrationen: Naja Abelsen

EASY READERS · ER · LEICHT ZU LESEN

GEKÜRZT UND VEREINFACHT
FÜR SCHULE UND SELBSTSTUDIUM

Diese Ausgabe, deren Wortschatz nur die gebräuchlichsten deutschen Wörter umfasst, wurde gekürzt und vereinfacht und ist damit den Ansprüchen des Deutschlernenden auf einer frühen Stufe angepasst.

Dieses Werk folgt der reformierten Rechtschreibung und Zeichensetzung

Herausgeberin: Katrine Rørvig

Umschlagentwurf: Mette Plesner
Umschlagfoto: © Yvette Depaepe/Flickr/Getty Images

EASY READERS Copenhagen
- a subsidiary of Lindhardt og Ringhof Forlag A/S,
an Egmont company.

ISBN Dänemark 978-87-23-90827-8

www.easyreaders.eu

The CEFR levels stated on the back of the book are approximate levels.

Ecolabelled printed matter
5041 0826

Easy Readers
EGMONT

Gedruckt in Dänemark

ERICH KÄSTNER
1899-1974

Erich Kästner ist ein vielseitiger Autor. Seine »Romane für Kinder« sind besonders beliebt. Mit Witz und Ironie schildert er den Alltag der Kinder und Erwachsenen, gibt aber auch zu verstehen: »Die Frauen, die wirklichen, verheirateten, nehmen ihre Männer zu wichtig! Dabei ist nur eines wesentlich: das Glück der Kinder!«

Werke von Erich Kästner in der Easy Reader-Serie

Als ich ein kleiner Junge war
Das doppelte Lottchen
Das fliegende Klassenzimmer
Der kleine Grenzverkehr
Drei Männer im Schnee
Emil und die Detektive
Pünktchen und Anton

Erstes Kapitel

Kennt ihr eigentlich Seebühl?

Das *Gebirgsdorf* Seebühl am Bühlsee? Nein? Nicht? Nun, dann kennt ihr natürlich auch nicht das Kinderheim in Seebühl, ein Ferienheim für kleine Mädchen.

Als die Geschichte anfängt, baden die Kinder im kühlen, grünen See. Sie *planschen* und lachen und schwimmen oder tun wenigstens so.

Am wildesten ist wie immer ein Mädchen, das den Kopf voller *Locken* und *Einfälle* hat und Luise heißt, Luise Palfy. Aus Wien.

Da hört man vom Haus her einen *Gong*schlag. Noch einen und einen dritten. Die Kinder schwimmen ans Ufer. »Der Gong ist für alle!«, ruft Fräulein Ulrike. »Sogar für Luise!«

die Locken

der Gong

das Gebirgsdorf, ein kleiner Ort in den Bergen
planschen, im Wasser spielen
der Einfall, die Idee

»Ich komm ja schon!«, schreit Luise. »Ein alter Mann ist doch kein Schnellzug.«

Zwölf Uhr, auf den Punkt, wird zu Mittag gegessen. Und dann wird neugierig auf den Nachmittag gewartet. Warum? Am Nachmittag werden zwanzig »Neue« erwartet und am Nachmittag stehen also Luise, Brigitte, Trude und die anderen Kinder an dem großen Tor und warten auf den Autobus.

Da *hupt* es! »Sie kommen!«

Der Bus fährt vorsichtig in die Einfahrt und hält. Der Chauffeur steigt aus und hilft fleißig einem Mädchen nach dem anderen aus dem Wagen. Dann steht das zwanzigste Mädchen in der Wagentür.

Der Chauffeur streckt freundlich die Arme hoch, sie aber sagt höflich und bestimmt »Danke nein!« und steigt ruhig und sicher hinaus.

Unten blickt sie vorsichtig lächelnd in die Runde. Plötzlich macht sie große, *erstaunte* Augen. Sie *starrt* Luise *an*! Nun reißt auch Luise die Augen auf. Auch die anderen Kinder und Fräulein Ulrike sehen sprachlos von einer zur anderen.

hupen, ein hörbares Zeichen, z.B. ein Ton von einem Auto
erstaunt, verwundert
anstarren, mit großen Augen auf etwas sehen

Warum denn?

Luise und das neue Mädchen sehen einander zum Verwechseln ähnlich! Nur, die eine hat lange Locken und die andere *Zöpfe*.

Frau Muthesius, die Leiterin, sitzt im Büro, als es klopft. »Es handelt sich um Luise«, sagt Fräulein Ulrike. »Sie wartet draußen.«

»Herein mit ihr!« Frau Muthesius muss lächeln.

»Was hat sie denn wieder *ausgefressen*?«

ausfressen, etwas machen, was eigentlich nicht erlaubt ist

»Diesmal nichts«, sagt Fräulein Ulrike. »Es ist bloß … «

Sie öffnet die Tür und ruft: »Kommt herein, ihr beiden!« Nun treten die zwei Mädchen ins Zimmer. Weit voneinander bleiben sie stehen.

Während Frau Muthesius erstaunt auf die Kinder *schaut*, sagt Fräulein Ulrike: »Die Neue heißt Lotte Körner und kommt aus München. Sie haben einander bis zum heutigen Tag noch nie gesehen. Merkwürdig, nicht?«

Frau Muthesius sagt freundlich: »Zwei Mädchen, die einander so ähnlich sind, werden sicher gute Freundinnen. Kommt, Kinder, gebt euch die Hand!«

»Nein!« ruft Luise, *rennt* zur Tür und stürmt hinaus. Lotte will langsam das Zimmer verlassen.

»Noch einen Augenblick, Lottchen«, meint Frau Muthesius. »Ich kann gleich deinen Namen notieren. Und wann und wo du geboren bist. Und wie deine Eltern heißen.«

»Ich habe nur noch eine Mutti«, *flüstert* Lotte.

»Zuerst also dein Geburtstag!« Frau Muthesius schlägt ein großes Buch auf.

schauen, sehen
rennen, schnell laufen
flüstern, leise sprechen

Lottes Koffer ist noch nicht ausgepackt. Sie fängt an, ihre Sachen in den Schrank zu legen. Durch das offene Fenster hört sie Kinderlachen.

Sie hält eine Fotografie von einer jungen Frau in der Hand, schaut das Bild liebevoll an und legt es dann in den Schrank. Dabei fällt ihr Blick auf einen *Spiegel. Ernst* sieht sie sich an. Dann wirft sie plötzlich die Zöpfe weit nach hinten und hält das Haar so, dass es Luise Palfys ähnlich wird.

Als *irgendwo* eine Tür schlägt, lässt Lotte schnell die Hände sinken.

Frau Muthesius sagt im Speisesaal zu Fräulein Ulrike: »Wir wollen unsere Doppelgängerinnen nebeneinander setzen. Vielleicht hilft das!«

ernst, nachdenklich
irgendwo, eine unbestimmte Stelle

Die Kinder strömen lärmend in den Saal. Bald *klappern* die *Löffel.*

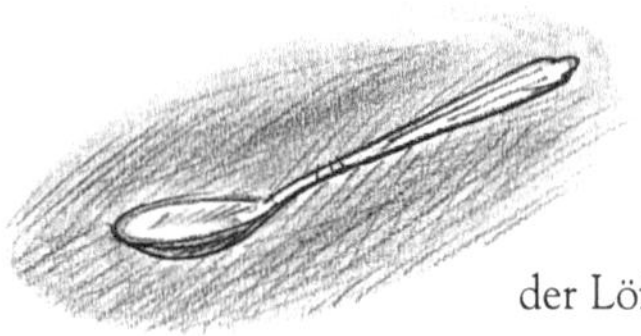

der Löffel

Der Platz neben Luise ist leer. »Da bist du ja endlich«, sagt Fräulein Ulrike, als Lotte eintritt. »Komm, ich will dir deinen Platz zeigen.« Sie bringt das stille, ernste Zopfmädchen zum Tisch. Luise blickt nicht hoch, sondern isst ärgerlich ihre Suppe in sich hinein. Lotte setzt sich artig neben Luise und greift zum Löffel. Ihr Herz klopft.

Die anderen Mädchen schauen zu dem merkwürdigen Paar hinüber. Ein Kalb mit zwei bis drei Köpfen könnte nicht interessanter sein.

Luise kann sich nicht länger beherrschen. Und sie will es auch gar nicht. Mit aller Kraft tritt sie unterm Tisch gegen Lottes Bein! Lotte *zuckt* vor Schmerz zusammen, gibt aber keinen Ton von sich.

Frau Muthesius blickt nachdenklich zu dem

klappern, schnelle, hart klingende Geräusche machen, z.B. mit dem Löffel gegen einen Teller
zucken, eine kurze, plötzliche Bewegung machen, ohne dass man es will

Tisch hinüber, an dem die zwei Mädchen sitzen. Dann sagt sie: »Lotte Körner bekommt das Bett neben Luise Palfy! Sie müssen sich akzeptieren.«

Es ist Nacht. Und alle Kinder schlafen. Bis auf zwei. Diese zwei tun, als schliefen sie fest, liegen aber mit offenen Augen. Plötzlich spitzt Luise die Ohren. Sie hört leises Weinen.

Lotte presst die Hände auf den Mund. Was hatte die Mutter ihr gesagt: »Ich freue mich so, dass du ein paar Wochen mit vielen fröhlichen Kindern zusammen bist. Du bist zu ernst für dein Alter, Lottchen.« Und nun liegt sie hier in der Fremde, neben einem bösen Mädchen, das sie hasst, weil sie ihm ähnlich sieht. Lotte *schluchzt* vor sich hin.

Plötzlich *streichelt* eine kleine fremde Hand über ihr Haar. Lottchen wird still vor Schreck. Luises Hand streichelt weiter.

Der Mond schaut durchs große Fenster und wundert sich. Da liegen zwei Mädchen nebeneinander und die eine, die eben noch weinte, streckt langsam ihre Hand nach der Hand der anderen.

»Na gut«, denkt der alte Mond. »Da kann ich ja beruhigt untergehen!« Und das tut er denn auch.

schluchzen, heftig weinen
streicheln, die Hand liebevoll über etwas hin und her bewegen

Zweites Kapitel

Luise und Lotte sehen einander nicht an, als sie am nächsten Morgen aufwachen, auch nicht, als sie in den Waschsaal laufen, als sie Stuhl an Stuhl beim Frühstück sitzen, und als sie am See spielen.

Jetzt sitzt Lotte allein in der *Wiese* und bindet einen Blumenkranz. Da fällt ein Schatten über sie.

Luise steht vor ihr und tritt unsicher von einem Bein aufs andere. Lotte versucht ein vorsichtiges Lächeln. Luise lächelt erleichtert zurück.

»Bist du mir noch böse?«, fragt Luise.

Lotte *schüttelt* den Kopf. Dann fragt sie leise: Hast du *Geschwister*?«

»Nein!«

»Ich auch nicht«, sagt Lotte.

Beide stehen im Waschsaal vor einem großen Spiegel. Lotte ist dabei, Luise Zöpfe zu machen. Luise schreit »Au!« und »Oh!«

»Willst du wohl ruhig sein?« Lotte spielt streng. »Wenn dir deine Mutti Zöpfe macht,

die Wiese, Gras mit kleinen wilden Blumen
schütteln, durch Kopfbewegungen Nein sagen
die Geschwister, Bruder und Schwester

wird nicht geschrien!« »Ich hab doch gar keine Mutti!«, sagt Luise. »Deshalb bin ich ja auch so ein lautes Kind, sagt mein Vater!« Dann sind Luises Zöpfe fertig, und nun schauen die Kinder mit brennenden Augen in den Spiegel. Die Gesichter *strahlen*.

Zwei ganz gleiche Mädchen blicken in den Spiegel hinein! Zwei ganz gleiche Mädchen blicken aus dem Spiegel heraus! »Wie zwei Schwestern!«, flüstert Lotte begeistert.

Der Mittagsgong!

»Das wird lustig!« ruft Luise. »Komm!« Sie rennen aus dem Waschsaal. Und halten sich an den Händen. Die anderen Kinder sitzen schon. Nur Luises und Lottes Stühle sind noch leer. Da öffnet sich die Tür und Lotte kommt herein. Sie setzt sich auf Luises Stuhl. »Du!« sagt Trude. »Das ist Luises Platz!«

Lotte antwortet nicht, sondern fängt an zu essen. Die Tür öffnet sich wieder, und, ja, zum Donnerwetter! Lotte kommt noch einmal herein! Sie geht zu dem letzten leeren Platz und setzt sich. Die anderen am Tisch *sperren* Mund und Nase *auf*.

Auch die Kinder von den Nebentischen schauen herüber. Als die zwei zu lachen anfan-

strahlen, glücklich aussehen
aufsperren, weit öffnen

gen, dauert es keine Minute, da jubeln sie alle.

»Was ist denn das?« Frau Muthesius steht auf. Als sie aber die zwei Zopfmädchen sieht, fragt sie belustigt: »Also, welche von euch ist nun Luise Palfy und welche Lotte Körner?«

»Das sagen wir nicht!«, erklärt die eine Lotte, und wieder wird hell gelacht. »Ja, um alles in der Welt!«, ruft Frau Muthesius. »Was sollen wir denn nun machen?« »Vielleicht«, sagt die zweite Lotte vergnügt, »vielleicht merkt es doch jemand?«

Trude blickt langsam von der einen Lotte zur anderen und schüttelt den Kopf. Dann aber *huscht* ein Lächeln über ihr Gesicht. Sie zieht die eine Lotte tüchtig am Zopf. Im nächsten Augenblick *klatscht* eine *Ohrfeige*. Und, mit der Hand an der Backe, ruft Trude begeistert: »Das da war Luise!«

Luise und Lotte sind beim Fotografen in Seebühl. Die »doppelte Lotte« soll im Bild festgehalten werden. Um Fotos nach Hause zu schicken. Da wird man sich wundern!

Sechs verschiedene Aufnahmen hat der Fotograf gemacht. Nach dem ersten Staunen

huschen, leichte und schnelle Bewegung, die man fast nicht bemerkt
klatschen, hier: wenn man den Schlag hört
die Ohrfeige, Schlag mit der Hand ins Gesicht

sagt er zu seiner Frau: »Weißt du, ich schicke ein paar davon an eine Illustrierte oder ein Magazin. Sie interessieren sich für so was!«

Vor dem Geschäft bindet Luise ihre Zöpfe auf, schüttelt die Locken und lädt Lotte zu einem Glas Limonade ein. Die zwei Mädchen haben so viel zu erzählen und zu fragen.

»Ist dein Vater schon lange tot?«, fragt Luise. »Ich weiß es nicht«, sagt Lotte. »Mutti spricht niemals von ihm, und fragen möchte ich nicht gern.«

Luise nickt. »Früher stand auf Vaters *Flügel* ein großes Bild von meiner Mutti. Einmal kam er, als ich es mir ansah. Und am nächsten Tag war es fort.«

»Du bist doch auch zehn Jahre alt?«, fragt Luise. »Ja.« Lotte nickt. »Am 14. Oktober werde ich elf.«

»Am 14. Oktober?«

»Am 14. Oktober!«

der Flügel

Luise beugt sich vor und flüstert: »Ich auch!« Lotte bewegt sich nicht. Mit großen Augen schauen sich die beiden Kinder an.

Dann fragt Luise *aufgeregt*: »Und … und wo bist du geboren?« Lotte antwortet leise: »In Linz an der Donau!« Luise fährt sich mit der Zunge über die trockenen Lippen. »Ich auch!«

Es ist ganz still. Langsam sagt Lotte: »Ich habe ein Foto von … von meiner Mutti im Schrank.« Luise springt auf.

Im Kinderheim, im Schrank, unter der Wäsche, holt Lotte eine Fotografie hervor. Luise schaut ängstlich auf das Bild. Dann presst sie es wild an sich und flüstert: »Meine Mutti!« Lotte legt den Arm um Luises Hals. »Unsere Mutti!«

Drittes Kapitel

Haben die Mädchen ihre Fotos beim Fotografen abgeholt? Längst! Haben sie die Fotos nach Hause geschickt? Längst! Luise und Lotte haben mit den Köpfen genickt und ja gesagt. Längst! Und ebenso lange liegen diese Fotos in kleinen Stücken auf dem Grund des

aufgeregt, sehr unruhig

grünen Sees bei Seebühl. Denn sie haben die Wahrheit nicht erzählt. Sie wollen ihr *Geheimnis* für sich behalten.

Trude, Brigitte und die anderen sind manchmal böse auf Luise und *eifersüchtig* auf Lotte. Die beiden hängen die ganze Zeit zusammen. Sie wissen schon recht gut Bescheid übereinander, über Schulfreundinnen, Nachbarn, Lehrerinnen und Wohnungen.

Für Luise ist alles, was mit der Mutter zusammenhängt, so wichtig! Und Lotte will alles, aber auch alles über den Vater wissen.

Tag für Tag sprechen sie von nichts anderem. Und noch abends flüstern sie stundenlang in ihren Betten. Die Welt, die sie bis jetzt kannten, ist ja nur die eine Hälfte. Und wenn sie nicht dabei sind, diese beiden Hälften zusammenzubringen, plagt sie eine andere Frage: Warum sind die Eltern nicht mehr zusammen?

»Erst haben sie natürlich geheiratet«, erklärt Luise zum hundersten Mal. »Dann haben sie zwei kleine Mädchen gekriegt. Und weil Mutti Luiselotte heißt, haben sie das eine Kind Luise und das andere Lotte getauft. Das ist doch sehr hübsch. Damals haben sie sich doch

das Geheimnis, etwas, das andere nicht wissen sollen
eifersüchtig, hier: wünschen, dass man auch dabei ist

noch gemocht, nicht?«

»Bestimmt!«, sagt Lotte. »Aber dann haben sie sich sicher *gezankt*. Und sind voneinander fort. Und haben uns genauso geteilt wie Muttis Vornamen!«

»Eigentlich hätten sie uns fragen müssen, ob sie uns halbieren dürfen!«

»Damals konnten wir ja noch gar nicht reden!«

Die beiden Schwestern lächeln hilflos.

Dann gehen sie in den Garten.

Es ist Post gekommen. Überall, im Gras und auf den Gartenbänken *hocken* die Mädchen und lesen die Briefe. Lotte hält eine Fotografie in den Händen, und sie blickt mit *zärtlichen* Augen auf ihren Vater. So sieht er also aus. Und so wird es einem ums Herz, wenn man einen wirklichen Vater hat! Sie hält das Bild ganz fest. »Und ich darf es bestimmt behalten?« »Natürlich«, sagt Luise.

»Unser Vater«, fragt Lotte, »hat doch keine neue Frau?« »Nein«, antwortet Luise. »Das würde ich wissen.«

»Vielleicht eine, mit der er nicht verheiratet ist?«, fragt Lotte.

zanken, diskutieren und sich nicht einigen
hocken, hier: im Gras sitzen
zärtlich, liebevoll

Luise schüttelt den Lockenkopf. »Bekannte hat er natürlich. Auch Frauen. Aber »du« sagt er zu keiner von ihnen. Aber wie ist das mit Mutti? Hat Mutti einen ... einen guten Freund?«

»Nein«, meint Lotte. »Mutti hat mich und ihre Arbeit, und sonst will sie nichts vom Leben, sagt sie.« Luise blickt die Schwester ziemlich *ratlos* an. »Ja, aber warum sind sie denn dann *geschieden*?«

»Und warum ist Vati in Wien und Mutti in München?«, fragt Luise weiter. »Warum haben sie uns halbiert?« »Warum«, setzt Lotte fort, »haben sie uns nie erzählt, dass wir Zwillinge sind?«

Luise steht auf. »Schöne Eltern haben wir, was? Na warte, wenn wir den beiden einmal die Meinung sagen! Die werden sich wundern!«

Viertes Kapitel

Die Ferien gehen dem Ende zu. Frau Muthesius plant das *Abschieds*fest. Die Kinder helfen eifrig. Sie hängen im Garten bunte Lichter auf

ratlos, nicht weiter wissen
geschieden, wenn Mann und Frau in einer Familie nicht mehr zusammen leben
der Abschied, der Zeitpunkt, wenn man »Auf Wiedersehen« sagt

die Girlande

und ziehen *Girlanden* von Baum zu Baum. Nur die Zwillinge sind nicht dabei, denn sie haben keine Zeit! Sie sitzen weit weg im Gras mit Bleistiften und Heften und schreiben.

Lotte diktiert: »Am liebsten mag Mutti *Nudelsuppe* mit Rindfleisch. Das Rindfleisch kaufst du beim Fleischer Huber.«

Luise hebt den Kopf. »Fleischer Huber, in der Max-Emanuel-Straße.«

Lotte nickt. »Das *Koch*buch liegt im Schrank, unten links. Und in dem Buch sind die *Rezepte.*« Luise notiert: »Kochbuch, Küchenschrank … » Dann blickt sie auf und sagt: »Vor dem Kochen habe ich Angst. Wenn es nun *schief geht?*«

»Du musst mir gleich schreiben, wenn etwas nicht klappt!« antwortet Lotte. »Ich gehe

die Nudelsuppe, Suppe mit kleinen Pastastücken
kochen, Essen machen
das Rezept, erzählt, was man zum Kochen braucht
schief gehen, wenn etwas nicht gut geht

jeden Tag aufs Postamt und frage, ob etwas angekommen ist!« »Ich auch«, meint Luise. »Schreib nur recht oft!«

Dann beugen sich beide wieder über ihre Hefte und hören einander die Namen der Mitschülerinnen und den genauen Schulweg ab.

»Mit dem Schulweg hast du es leichter als ich«, meint Luise. »Du sagst Trude ganz einfach, sie soll dich am ersten Tag abholen! Da läufst du dann einfach neben ihr und merkst dir die Straßenecken und alles!« Lotte nickt. Plötzlich erschrickt sie. »Das hab ich dir noch gar nicht gesagt, vergiss ja nicht, Mutti, wenn sie dich zu Bett bringt, einen Gute-Nacht-Kuss zu geben!«

Luise blickt vor sich hin. »Das brauch ich mir nicht aufzuschreiben. Das vergesse ich bestimmt nicht!« Bald sind die Hefte randvoll mit Notizen.

Lotte und Luise wollen den Eltern nicht sagen, dass sie Bescheid wissen. Sie haben Angst, die Eltern können ihr Glück wieder zerstören. Ihr Plan sieht so aus: Sie wollen die Kleider, Frisuren, Koffer, ja, alles *tauschen*! Luise will mit

tauschen, wechseln

Zöpfen, und brav, als Lotte zur Mutter nach München! Und Lotte fährt, mit offenem Haar und so lustig, wie sie es nur kann, zum Vater nach Wien!

Das Gartenfest vor der Abreise ist ihre Generalprobe. Lotte kommt als lockige, lustige Luise und Luise als brave, bezopfte Lotte.

Beide spielen ihre Rollen bestens. Niemand merkt etwas! Nicht einmal Trude, Luises Schulkameradin aus Wien! Es ist lustig, einander laut beim eigenen Vornamen zu rufen!

Die bunten Lichter *schimmern* in den Bäumen. Die Girlanden *schaukeln* im Abendwind, und das Fest und die Ferien gehen zu Ende. Die Schwestern schlafen in den vertauschten Betten und träumen vor Aufregung wilde Dinge.

Am nächsten Morgen fahren vom Bahnhof in Seebühl am Bühlsee zwei Züge gleichzeitig los. Der eine nach München, der andere nach Wien.

Lotte *beugt* sich weit aus dem Fenster. Aus einem Fenster im anderen Zug winkt Luise. Sie lächeln einander Mut zu. Die Herzen klopfen!

schimmern, schwach leuchten
schaukeln, schwingen
beugen, hier: den Körper nach vorne strecken

Fünftes Kapitel

München. Hauptbahnhof. Bahnsteig 16. Der Zug steht still. Auf dem Bahnsteig ist nur noch ein einziges Kind da, ein Kind mit Zöpfen. Bis gestern hatte es Locken. Bis gestern hieß es Luise Palfy.

Das Mädchen hockt auf dem Koffer und beißt die Zähne fest zusammen. Im Bahnhof in einer fremden Stadt auf seine Mutter zu warten, die man nur als Fotografie kennt und die nicht kommt, das ist kein Kinderspiel!

Frau Luiselotte Palfy ist im Verlag, wo sie arbeitet, verspätet worden. Endlich hat sie ein Taxi. Sie läuft auf den Bahnsteig. Leer!

Nein! Ganz, ganz hinten sitzt ein Kind auf einem Koffer. Die junge Frau rast dorthin.

Das Mädchen, das auf dem Koffer hockt, springt ihr an den Hals. Diese junge glückstrahlende, diese wirkliche Frau ist ja die Mutter!

»Mutti!«

»Endlich, endlich habe ich dich wieder«, flüstert die junge Frau unter Tränen.

Der Kindermund küsst *leidenschaftlich* ihr weiches Gesicht, ihre zärtlichen Augen, ihre Lippen, ihr Haar, ihr Hütchen. Ja, das Hütchen auch!

In Wien in der Rotenturmstraße wartet die Haushälterin Resi auf den Kapellmeister Palfy und seine Tochter. Ihm ist heute ganz warm und familiär ums Herz, und die Tochter hält *schüchtern* lächelnd seine Hand fest, als könne ihr der Vater sonst davonlaufen. Er holt eine Karte aus der Brieftasche, gibt sie der Tochter und sagt: »Heute Abend dirigiere ich *Humper-*

leidenschaftlich, mit sehr viel Gefühl
schüchtern, unsicher
Humperdinck, Opernkomponist, 1854-1921

dincks »Hänsel und Gretel«! Resi bringt dich ins Theater und holt dich auch wieder ab.«

»Oh!« Lotte strahlt. »Kann ich dich von meinem Platz aus sehen?« »Natürlich.«

»Und schaust du auch zu mir hin?« »Na sicher!«

»Und darf ich winken?« »Ich werde sogar zurückwinken, Luise!«

Dann läutet das Telefon.

Am anderen Ende redet eine Frauenstimme. Der Vater antwortet kurz. Aber als er dann den Hörer auflegt, muss er doch weg. Er muss noch ein paar Stunden allein sein, ja, und komponieren. Denn er ist ja nicht nur Kapellmeister, sondern auch Komponist. Und komponieren kann er nun einmal nicht zu Hause. Nein, dafür hat er sein Atelier in der Ringstraße.

Also, »Auf Wiedersehen!«

»Und ich darf dir in der Oper zuwinken, Vati?«

»Natürlich, Kind. Warum denn nicht?«

Kuss auf die ernste Kinder*stirn*! Hut auf den Kopf! Die Tür schlägt zu.

Das kleine Mädchen geht langsam zum Fenster und denkt über das Leben nach. Die Mutter darf nicht, der Vater kann nicht zu Hause arbeiten.

die Stirn, der Gesichtsteil zwischen Augen und Haaren

Man hat es schwer mit den Eltern!

Aber wie kam es eigentlich zu der *Scheidung* zwischen ihnen? Also, der Herr Kapellmeister Ludwig Palfy ist ein Künstler, und Künstler sind seltsame Menschen. Zwar ist er ganz nett gekleidet, beinahe elegant, aber sein Innenleben! Das ist kompliziert! Wenn er einen musikalischen Einfall hat, muss er ihn auf der Stelle notieren. Und um zu komponieren muss er allein sein. Deshalb lief er auch aus der eigenen Wohnung fort, als er noch verheiratet war, damals, als er ganz jung war, verliebt, glücklich und verrückt zur gleichen Zeit.

Weil die kleinen Zwillinge Tag und Nacht *krähten*, und er sein erstes Konzert dirigieren sollte, da ließ er einfach den Flügel abholen und in ein Atelier in der Ringstraße bringen. Und weil er damals sehr viele Einfälle hatte, kam er nur noch *selten* zu seiner jungen Frau und den brüllenden Zwillingen.

Luiselotte Palfy, geborene Körner, keine zwanzig Jahre alt, fand das nicht gut. Und erst recht nicht, als ihr zu Ohren kam, dass der Herr Kapellmeister in seinem Atelier nicht nur Noten notierte, sondern auch mit Opernsängerinnen Gesangsrollen studierte.

die Scheidung, wenn Mann und Frau sich trennen und die Ehe auflösen
krähen, wie ein Vogel schreien
selten, nicht oft

Sie *reichte* die Scheidung *ein.*

Nun konnte der Kapellmeister so viel allein sein, wie er wollte, denn ein tüchtiges Kindermädchen sorgte für den einen Zwilling, der bei ihm geblieben war. Er komponierte und dirigierte fleißig und wurde von Jahr zu Jahr *berühmter.*

Und wenn in München ein Konzert mit der Musik von Ludwig Palfy war, kaufte sich Luiselotte Körner eine Karte und saß dann in einer der letzten, billigen Reihen. Sie *lauschte* der Musik und verstand, dass ihr geschiedener Mann trotzdem kein glücklicher Mensch geworden war.

Sechstes Kapitel

Frau Luiselotte Körner hat ihre Tochter gerade in die kleine Wohnung in der Max-Emanuel-Straße gebracht. Dann muss sie, sehr ungern und sehr schnell, wieder in den Verlag fahren. Arbeit wartet auf sie. Und Arbeit darf nicht warten.

Lotte, ach nein! Luise hat sich kurz in der Wohnung umgesehen. Dann ist sie einkaufen

einreichen, einen Brief an eine offizielle Stelle senden
berühmt, sehr bekannt
lauschen, aufmerksam zuhören

gegangen. Und beim Fleischer Huber an der Ecke kauft sie Suppenfleisch.

Luise kocht. Sie hat eine *Schürze* von Mutti umgebunden und rennt hin und her zwischen dem Herd mit den *Töpfen* und dem Tisch, wo das Kochbuch aufgeschlagen liegt. Jeden Augenblick schaut sie in die Töpfe. Wenn kochendes Wasser *zischend* überläuft, zuckt sie zusammen. Wie viel Salz soll in die Suppe? Ein halber Esslöffel! Wie viel Selleriesalz? »Eine *Prise*!« Wie viel um alles in der Welt ist eine Prise?

Das Mädchen steigt auf Stühle, schaut in alle Schränke, starrt auf die Uhr an der Wand, springt vom Stuhl herunter, nimmt eine *Gabel*, verbrennt sich die Finger, *sticht* mit der Gabel in dem Rindfleisch herum, nein, es ist noch nicht weich!

Nanu, was liegt denn da friedlich neben dem Kochbuch? Das Suppengrün! Ach, das muss doch gewaschen und in die Suppe getan werden! Und in einer halben Stunde kommt Mutti! Und zwanzig Minuten vorher muss man die

die Schürze, siehe Zeichnung, Seite 30
der Topf, siehe Zeichnung, Seite 30
zischen, der Laut, wenn z.B. Wasser überkocht
die Prise, ein ganz kleine Menge
die Gabel, siehe Zeichnung, Seite 30
stechen, mit einem spitzen Gegenstand durch etwas stoßen

Nudeln in kochendes Wasser werfen. Und wie es in der Küche aussieht! Und … Und … ! Luise sinkt auf dem Küchenstuhl zusammen. Ach Lottchen! Es ist nicht leicht, deine Schwester zu sein.

Als Frau Körner müde vom Verlag heimkehrt, findet sie keine fröhliche Tochter vor, sondern ein weinendes, unglückliches Mädchen.

»Ach, Mutti! Ich glaube, ich kann nicht mehr kochen!«

»Aber Lottchen, Kochen vergisst man doch nicht!«, ruft die Mutter erstaunt. Doch zum Wundern ist wenig Zeit. Als sie endlich im Wohnzimmer unter der Lampe sitzen und Nudelsuppe löffeln, meint die Mutter *tröstend*:

»Es schmeckt doch eigentlich sehr gut, nicht?«

»Ja?« Luise lächelt beruhigt, und nun schmeckt es ihr selber mit einem Male so gut wie noch nie im Leben!

»Die nächsten Tage koche ich selber«, sagt die Mutter. »Und wenn du dabei schön aufpasst, kannst du es bald wie vor den Ferien.«

Nach dem Essen waschen sie beide ab. Und Luise erzählt, wie schön es im Ferienheim war. Von dem Mädchen, das ihr zum Verwechseln ähnlich war, erzählt sie aber kein Wort!

Lotte sitzt, in Luises schönstem Kleid, in der Wiener Staatsoper und schaut mit brennenden Augen zum Orchester hinunter, wo der Herr

trösten, beruhigen

Kapellmeister Palfy die Ouvertüre von »Hänsel und Gretel« dirigiert. Wie wundervoll Vati im *Frack* aussieht! Vorhin hat er vergnügt zu ihr heraufgewinkt.

Die *Logentür* geht. Eine elegante junge

die Loge, teure Plätze im Theater, in einem kleinen Raum für sich

Dame kommt herein, setzt sich und lächelt Lotte zu. Die junge Dame holt ein *Opernglas* hervor. Und ein Programm. Und eine Puderdose. Und Konfekt!

Als die Ouvertüre zu Ende ist, klatscht das Publikum laut Beifall. Der Kapellmeister Palfy verbeugt sich. Und dann sieht er zur Loge hinauf.

Lotte winkt schüchtern mit der Hand. Vati lächelt noch zärtlicher als vorhin. Da merkt Lotte, dass nicht nur sie mit der Hand winkt, sondern auch die Dame neben ihr. Die Dame winkt Vati zu?

Ja, wieso hat Luise nichts von der fremden Frau erzählt? Kennt Vati sie noch nicht lange? Aber wie darf sie ihm dann so zärtlich zuwinken?

Dann hebt sich der Vorhang, und auf der *Bühne* werden Hänsel und Gretel von ihren Eltern in den Wald geschickt. Die wollen ihre Kinder loswerden. Dabei haben sie die Kinder doch lieb!

Wie können sie dann so böse sein? Oder sind sie gar nicht böse? Ist nur das, was sie tun, böse? Sie sind traurig darüber.

Warum machen sie es dann?

die Bühne, die Stelle im Theater, wo Sänger und Schauspieler singen und spielen

Siebentes Kapitel

Wochen sind seit dem ersten Tag und der ersten Nacht in der fremden Welt vergangen. Wochen, wo jeder Augenblick Gefahr mit sich bringen konnte. Wochen mit sehr viel Herzklopfen.

Es ist alles gut gelaufen. Ein bisschen Glück war wohl auch dabei. Luise hat das Kochen »wieder« gelernt. Und in München haben sich die Lehrerinnen damit abgefunden, dass die kleine Körner aus den Ferien weniger fleißig und ordentlich, dafür aber um so lustiger, zurückgekommen ist.

Und ihre Wiener Kolleginnen haben überhaupt nichts dagegen, dass die Tochter des Kapellmeisters nun besser aufpasst und ihre Hausaufgaben macht.

Seit Lotte im Haus ist und alles sieht und alles prüft, ist Resi, die Haushälterin, ein anderer Mensch geworden. Lotte hat den Vater überredet, das Haushaltsgeld ihr und nicht Resi zu geben. Und es ist komisch, wenn Resi ins Kinderzimmer tritt und *berichtet*, was sie einkaufen muss und was im Haushalt nötig ist. Lotte rechnet rasch die Kosten aus, nimmt das Geld heraus, zählt es Resi hin und schreibt

berichten, erzählen

die Summe in ein Heft.

Sogar dem Vater ist aufgefallen, dass der Haushalt früher mehr gekostet hat, dass jetzt sehr oft Blumen auf dem Tisch stehen und dass es in der Rotenburgstraße jetzt richtig *gemütlich* ist.

Dass er jetzt öfter und länger zu Hause sitzt, ist auch Fräulein Irene Gerlach, der Dame aus der Oper, aufgefallen. Sie weiß, was sie will. Sie will Herrn Palfy heiraten. Er ist berühmt. Er gefällt ihr. Sie gefällt ihm. Nur weiß er noch nichts von seinem kommenden Glück. Aber sie wird es ihm vorsichtig beibringen, so dass er glaubt, es sei seine Idee mit der Heirat. Ein Problem gibt es aber noch: das Kind. Aber damit wird Irene Gerlach wohl auch fertigwerden.

Lotte tritt, in der Rotenturmstraße, aus der Wohnung und klingelt an der Nachbartür. Dahinter wohnt ein Maler namens Gabele, ein freundlicher Herr, der Lotte gern zeichnen möchte, wenn sie Zeit hat.

Herr Gabele öffnet. »Oh, die Luise!«

»Heute habe ich Zeit«, sagt sie. Herr Gabele führt sie herein, setzt sie auf einen Stuhl, nimmt einen Block und fängt an zu zeichnen.

Aber bald schimpft er. »Diese Fenster! Gar

gemütlich, so, dass man sich wohl fühlt

nichts kann man sehen. Ein Atelier müsste man haben!«

»Warum *mieten* Sie sich denn keines, Herr Gabele?« »Weil es keine zu mieten gibt! Ateliers sind selten!« Nach einer Pause sagt Lotte: »Vati hat ein Atelier. Mit großen Fenstern. Und Licht von oben.«

Herr Gabele murmelt etwas, und nach einer neuen Pause sagt Lotte: »Zum Komponieren braucht man doch gar nicht so viel Licht wie zum Malen, nicht?« »Nein«, antwortet Herr Gabele.

Lotte denkt nach. »Eigentlich könnte doch Vati mit Ihnen tauschen! Sie bekommen größere Fenster und mehr Licht. Und Vati komponiert dann gleich neben unserer Wohnung!«

Sie freut sich bei dem Gedanken.

Herr Gabele meint lächelnd: » Sehr praktisch! Es fragt sich nur, ob der Papa die gleiche Meinung hat.«

Lotte nickt. »Ich werde ihn gleich fragen!«

Herr Palfy sitzt in seinem Atelier und hat Besuch, Damenbesuch. Fräulein Irene war »*zufällig*« ganz in der Nähe. Der Ludwig ärgert

mieten, gegen Bezahlung ein Zimmer oder eine Wohnung benutzen
zufällig, nicht geplant

sich zuerst, denn er kann es für den Tod nicht leiden, wenn man ihn bei der Arbeit stört. Aber dann gefällt es ihm doch, mit ihr zusammen zu sitzen und zu *plaudern*.

Es klingelt.

Ludwig öffnet. Und wer steht in der Tür? Das Kind. Hat einen *Strauß* in der Hand und sagt:

»Grüß Gott, Vati! Ich bring dir frische Blumen!« Sie spaziert ins Atelier, begrüßt kurz den Besuch, nimmt eine Blumenvase und geht in die Küche. Dann kommt sie wieder, stellt die frischen Blumen auf den Tisch und sagt zu Vati: »Ich koche nur rasch einen Kaffee. Wir müssen doch deinem Besuch etwas *anbieten*.« Vati und sein Besuch schauen überrascht hinter ihr her.

Nach kurzer Zeit kommt Lotte wieder mit Kaffee, Zucker und Sahne, schenkt ein und setzt sich dann freundlich lächelnd neben ihren Vati.

Man trinkt. Man *schweigt*.

Dann sagt Lotte: »Ich war eben bei Herrn Gabele.« »Hat er dich gezeichnet?«, fragt der Vater. »Nur ein bisschen«, meint das Kind.

plaudern, freundlich über unwichtige Dinge reden
der Strauß, siehe Zeichnung, Seite 60
anbieten, geben
schweigen, nichts sagen

»Er hat zu wenig Licht … von oben. Nicht so wie hier.«

»Dann soll er sich ein Atelier mit Oberlicht mieten«, bemerkt der Kapellmeister und merkt nicht, dass er genau dorthin steuert, wohin Lotte ihn haben will. »Das hab ich ihm auch schon gesagt«, erklärt sie ruhig. »Aber sie sind alle vermietet, die Ateliers.«

»So ein kleines *Biest*!«, denkt Fräulein Gerlach. Denn sie weiß schon, was das Kind will.

»Zum Komponieren braucht man eigentlich kein Oberlicht, Vati. Nicht?« »Nein, eigentlich nicht.«

»Wenn du nun mit Herrn Gabele tauschen würdest, Vati?« Lotte fragt sehr vorsichtig und schaut den Vater bittend an. »Dann hat Herr Gabele ein Atelier. Und du wohnst dann direkt neben Resi und mir. Und wenn du nicht allein sein willst, kommst du nur über den *Flur* und bist da. Und wenn das Essen fertig ist, klingeln wir dreimal an deiner Tür.«

Ihre Stimme klingt jetzt unsicher. »Wir kochen auch, was du willst.«

Fräulein Gerlach steht schnell auf. Sie muss heim. Wie die Zeit vergeht!

Herr Kapellmeister Palfy bringt seinen Gast

das Biest, sagt man, wenn man sich über eine Person ärgert
der Flur, der Raum, der Wohnungstür und Zimmer verbindet

hinaus. Er küsst die duftende Frauenhand.

»Auf heute Abend also«, sagt er.

»Vielleicht hast du keine Zeit?«

»Wieso Liebling?«

»Vielleicht ziehst du gerade um!«

Er lacht.

»Lache nicht zu früh!« Ärgerlich steigt die Dame die Treppe hinab.

Achtes Kapitel

Wieder sind Wochen vergangen. Fräulein Irene Gerlach hat den Vorschlag des Kindes, dass der Vater das Atelier mit der Wohnung des Malers Gabele tauschen könne, als eine Kampfansage aufgefasst.

Eine richtige Frau, – und Irene Gerlach ist, auch wenn Lotte sie nicht leiden mag, eine richtige Frau, – die lässt sich nicht lange bitten. Sie weiß, was sie tun muss. Alle ihre Pfeile hat sie auf das Künstlerherz des Kapellmeisters abgeschossen. Alle *Pfeile* haben ins Schwarze getroffen und sitzen nun im Herzen des Mannes fest.

Er weiß sich keinen Rat mehr. »Ich will, dass du meine Frau wirst«, sagt er. Sie streichelt

sein Haar und sagt spitz: »Dann werde ich morgen mein bestes Kleid anziehen, Liebling, um bei deiner Tochter *um* deine *Hand anhalten.*« Wieder sitzt ein Pfeil in seinem Herzen.

Und diesmal ist der Pfeil vergiftet.

Herr Ludwig Palfy kommt in die Rotenturmstraße. Die Luise spielt Klavier? Nun, sie wird ihm eine Weile zuhören müssen. Er öffnet die Zimmertür.

Das Kind schaut hoch und lächelt ihn an.

»Vati? Wie schön!«

Sie springt vom Klavierstuhl. »Soll ich dir einen Kaffee machen?« Sie will in die Küche.

Er hält sie fest. »Danke, nein!«, sagt er. »Ich muss mit dir sprechen. Setz dich!«

Sie setzt sich und sieht *erwartungsvoll* zu ihm hoch. Er geht ein paar Schritte auf und ab und bleibt dann vor ihr stehen.

»Also, Luise«, fängt er an. »Es handelt sich um eine wichtige und ernste Sache. Seit deine Mutter nicht mehr … nicht mehr da ist, bin ich allein gewesen. Viele Jahre. Natürlich nicht ganz allein, ich habe ja dich gehabt!«

Das Kind schaut ihn mit großen Augen an.

»Kurz und gut«, sagt er. »Ich will nicht län-

um die Hand anhalten, fragen, ob man eine Person heiraten darf
erwartungsvoll, voller Hoffnung

ger allein sein. Ich will wieder heiraten!«

»Nein!«, sagt das Kind laut. Es klingt wie ein Schrei. »Bitte, nein, Vati, bitte, nein, bitte, nein!«

»Du kennst Fräulein Gerlach ja schon. Sie hat dich sehr gern. Und sie wird dir eine gute Mutter sein!« Lotte schüttelt den Kopf und bewegt dazu lautlos die Lippen. Der Vater blickt rasch weg und sagt: »Also, Luise, ich weiß, dass ich mich auf dich verlassen kann. Du bist der vernünftigste kleine Kerl, den es gibt!« Er schaut auf die Uhr.

»So, jetzt muss ich gehen!«

Lotte ist verzweifelt. Was ist zu tun? Dass etwas getan werden muss, steht fest. Niemals darf Vati eine andere Frau heiraten, niemals! Er hat ja eine Frau! Auch wenn sie nicht mehr bei ihm ist. Und sie will keine neue Mutter, niemals! Sie hat ja ihre Mutter, ihre über alles geliebte Mutti!

Vielleicht kann Mutti helfen? Aber sie darf es nicht wissen. Und erst recht nicht, dass der Vater Fräulein Gerlach zur Frau nehmen will.

So bleibt nur noch ein Weg. Und diesen Weg muss Lottchen selbst gehen. Sie holt das Telefonbuch. Es gibt nicht viele Gerlachs, und sie findet bald die Adresse: »Koblenzallee 43«.

Nachdem Resi ihr den Weg erklärt hat, zieht Lotte den Mantel an und sagt: »Ich gehe jetzt weg.«

Ein *Stubenmädchen* tritt in Irene Gerlachs elegantes Zimmer: »Ein Kind möchte Sie sprechen, *gnädiges* Fräulein, eine Luise Palfy.«

Das gnädige Fräulein hat sich gerade die Fingernägel frisch gelackt und *schwenkt* die Hände durch die Luft.

»Ah,« sagt sie langsam. »Führ sie herauf.«

Als Lotte ins Zimmer tritt, lächelt sie. »Wie nett, dass du mich besuchen kommst! Willst du nicht deinen Mantel ablegen?«

»Danke,« sagt Lotte. »Ich will nicht lange bleiben.« »So?« Irene Gerlach bleibt freundlich. »Aber zum Hinsetzen wirst du hoffentlich Zeit haben?« Lotte setzt sich auf eine Stuhlkante.

»Ich muss Ihnen etwas sagen!«

Irene Gerlach lacht. »Ich bin ganz Ohr.«

»Vati hat gesagt, dass Sie ihn heiraten wollen.«

»Hat er nicht gesagt, dass er mich heiraten will? Aber das ist wohl Nebensache. Also, ja, Luise, dein Papa und ich wollen heiraten. Und

gnädig, hier: höfliche Anrede
schwenken, durch die Luft hin und her bewegen

das Stubenmädchen

du und ich – wenn wir erst einige Zeit zusammen gewohnt haben – werden die besten Freundinnen sein! Wir wollen uns beide viel Mühe geben, ja? Meine Hand darauf!«

Lotte *weicht zurück* und sagt ernst: »Sie dürfen Vati nicht heiraten!«

»Und warum nicht?«

»Weil Sie es nicht dürfen!«

»Du willst mir *verbieten*, die Frau deines Vaters zu werden?«

»Ja!«

»Das ist wirklich zu viel!« Die junge Dame ist böse, und ihre Stimme ist scharf: »Ich muss dich bitten, jetzt nach Hause zu gehen!«

An der Tür dreht sich Lotte noch einmal um und sagt: »Lassen Sie uns so, wie wir sind! Bitte, bitte!«

Dann ist Fräulein Gerlach allein. Das Kind muss in ein *Internat*! So schnell wie möglich! Hier kann nur noch eine strenge Hand helfen!

Zu Hause erschrickt Resi, als sie Lotte beim Abendbrot sieht. »Was hast du denn?« Lotte schüttelt den Kopf und sagt nichts.

Die Haushälterin greift ihre Hand. »Du hast ja *Fieber*! Du gehst gleich ins Bett!« Dann trägt

zurückweichen, nach hinten treten
verbieten, nicht erlauben
das Internat, Schule, wo man wohnt
das Fieber, zu hohe Temperatur

Resi das *verstörte* Mädchen ins Kinderzimmer, zieht ihm die Kleider aus und legt es ins Bett. »Nichts dem Vati erzählen!« Lottes Zähne klappern.

Resi rennt zum Telefon und ruft den Arzt. Dann rast sie wieder ins Schlafzimmer. Das Kind schlägt um sich und redet durcheinander.

Was soll man machen? *Umschläge*? Aber was für welche? Kalte? Heiße? Nasse? Trockene?

Resi ruft auch in der Staatsoper an. Endlich ist die Oper aus. Der Kapellmeister rast in der Rotenturmstraße die Treppe hoch. Resi öffnet ihm. Sie hat noch den Hut auf, weil sie in der Nachtapotheke war. »Wie geht es ihr denn?«, fragt der Vater flüsternd.

»Nicht gut«, antwortet der Arzt.

»*Masern*?« »Keine Spur«, brummt der Arzt. Er schaut den Vater an. »Das ist eine *seelische* Krise. Wissen Sie davon? Nein?«

Resi sagt: »Ich weiß nicht, ob es damit zu tun hat, aber heute Nachmittag war sie weg. Wie man zur Koblenzallee kommt, hat sie gefragt.«

Palfy geht rasch nebenan und telefoniert: »War Luise heute Nachmittag bei dir?« »Ja«,

verstört, unklar
der Umschlag, Lappen mit kaltem oder warmem Wasser befeuchtet
die Masern, Kinderkrankheit
seelisch, nicht körperlich

sagt eine Frauenstimme. »Aber wieso erzählt sie dir das?« Er antwortet nicht, sondern fragt weiter: »Und was wollte sie?«

Fräulein Gerlach lacht ärgerlich. »Das lass dir doch von ihr erzählen!«

»Antworte bitte!« Ein Glück, dass sie sein Gesicht nicht sehen kann!

»Sie kam, um mir zu verbieten, deine Frau zu werden!«, antwortet sie spitz.

Er murmelt etwas und legt den Hörer auf.

»So ein kleines Biest,« denkt Irene Gerlach. »Kämpft mit allen Mitteln!«

Der Arzt gibt noch einige *Anweisungen*. Der Vater hält ihn an der Tür zurück. »Was fehlt dem Kind?«

»Nervenfieber. Ich komme morgen wieder.«

Der Kapellmeister geht ins Kinderzimmer und setzt sich neben das Bett. Er streichelt das kleine heiße Gesicht. Das Kind erschrickt im Fieberschlaf und wirft sich wild zur Seite.

die Anweisung, was zu tun ist

Neuntes Kapitel

Im Verlag ist *Sauregurkezeit*. Luiselotte Körner steht am Schreibtisch und sucht nach einem Titelbild für eine Illustrierte. Ein Foto von der neuen Meisterin im Brustschwimmen? Nein! Sie *wühlt* zwischen den Zeitungen. Und findet einige Fotos von einem Fotografen aus Seebühl am Bühlsee. Sie starrt auf die Bilder! In ihrem Kopf fahren die Gedanken Karussell. Ihre beiden Kinder! Das Kinderheim! Die Ferien! Natürlich!

die Sauregurkezeit, einige Wochen im Sommer, wo die Zeitungen nicht viele Neuigkeiten haben
wühlen, durchsuchen

Aber warum hat Lottchen nichts davon erzählt? Mein Gott, wie sie einander gleichen! Meine beiden, beiden Lieblinge!

Was soll nun geschehen? Ich werde mit Lottchen reden! Aber ist es denn überhaupt Lottchen?

Frau Körner kommt heim. Brennende Neugier und kalte Angst kämpfen in ihrem Herzen.

»Heute *riecht* es aber gut!«, sagt die Mutter. »Wie schnell du das Kochen gelernt hast!«

»Nicht wahr?«, antwortet das Kind fröhlich. »Ich hätte nie gedacht, dass ich … » Sie beißt sich auf die Lippen. Jetzt nur nicht die Mutter ansehen!

Diese steht an der Tür und ist weiß. Weiß wie die Wand. »Luise!«

Krach! Die Teller liegen auf dem Boden.

Luises Augen sind vor Schreck ganz weit.

»Luise!«, wiederholt die Mutter leise und öffnet die Arme. »Mutti!« Das Kind hängt der Mutter am Hals und schluchzt leidenschaftlich. Die Mutter sinkt in die Knie und streichelt Luise.

Stunden sind vergangen. Luise hat alles erzählt. Ach, ist das schön, endlich die Wahrheit gesagt zu haben. Nur, dass es ein Fräulein

| *riechen*, duften

Gerlach gibt, wie Lotte ängstlich geschrieben hat, hat sie nicht erzählt. »Ich denke darüber nach, was jetzt werden soll,« sagt die Mutter.

»Lotte hat sicher großes *Heimweh* nach dir. Und du doch auch nach ihr, nicht wahr, Mutti?«

Die Mutter nickt.

»Und ich ja auch … nach Lotte und … »

das Heimweh, Gefühl von Traurigkeit, wenn man an etwas denkt

»Und deinem Vater, ja?«

Luise nickt.

»Aber warum schreibt Lotte nicht mehr?«

Zehntes Kapitel

Lottchen schläft viel. Der Herr Kapellmeister sitzt am Kinderbett und blickt ernst auf das kleine, schmale Gesicht. Er kommt seit Tagen nicht mehr aus dem Zimmer.

Nebenan läutet das Telefon.

Resi kommt ins Zimmer. »Ein Ferngespräch aus München!«, flüstert sie.

Er steht leise auf. München? Wer kann das sein?

»Hier Palfy!«

»Hier Körner!«, ruft eine weibliche Stimme.

»Was?«, fragt er überrascht. »Wer? Luiselotte?«

»Ja!«, sagt die Stimme. »Entschuldige, dass ich dich anrufe. Doch ich bin wegen des Kindes in Sorge. Es ist hoffentlich nicht krank?«

»Doch.« Er spricht leise. »Es ist krank! Aber ich verstehe nicht, wieso du … »

»Wir hatten so ein Gefühl, ich und … Luise!«

»Luise?« Er lacht nervös. Dann lauscht er verwirrt. Lauscht immer verwirrter.

Die Frauenstimme berichtet hastig.

»Was fehlt denn dem Kind?«, fragt sie besorgt.

»Nervenfieber«, antwortet er. »Das Schlimmste ist überstanden, sagt der Arzt.«

»Ein tüchtiger Arzt?«

»Aber ja. Er kennt Luise schon von klein auf.« Der Mann lacht nervös. »Entschuldige, es ist ja Lotte! Er kennt sie also nicht!« Er schweigt.

Auch in München schweigt eine Frau.

Zwei Menschen sind ratlos. In dieses gefährliche Schweigen hinein klingt eine wilde Kinderstimme.

»Vati! Lieber, lieber Vati. Hier ist Luise! Grüß dich, Vati! Sollen wir nach Wien kommen? Ganz schnell?« Das erlösende Wort ist gesprochen.

»Das ist ein guter Gedanke!«, ruft der Vater. »Wann könnt ihr hier sein?«

»Resi!«, flüstert er, als er ins Kinderzimmer zurückkommt. »Morgen kommt meine Frau.«

»Ihre Frau?«

»Nicht so laut! Meine geschiedene Frau! Lottchens Mutter!«

»Lottchens?«

Er winkt lächelnd ab. » Luise kommt auch mit!«

»Luise? Da liegt sie doch!«

Er schüttelt den Kopf. »Nein, das ist der Zwilling.«

»Zwilling?«

»Sorgen Sie dafür, dass wir zu essen haben.«

Der Vater betrachtet das schlafende Kind. Das ist nun also die andere kleine Tochter! Sein Lottchen!

Welche Tapferkeit und Willenskraft. Vom Vater hat es diesen Mut wohl nicht. Von wem? Von der Mutter?

Wieder läutet das Telefon. Resi steckt den Kopf ins Zimmer. »Fräulein Gerlach!« Herr Palfy schüttelt, ohne sich umzudrehen, den Kopf.

Am nächsten Morgen fährt ein Taxi vor. Resi öffnet die Wohnungstür. »Grüß Gott, Resi!«, ruft Luise und läuft ins Kinderzimmer.

»Wie geht es Lottchen?«, fragt eine junge bildhübsche Frau mit einem Reisekoffer.

»Etwas besser, glaube ich«, meint Resi. »Darf ich Ihnen den Weg zeigen?«

»Danke, ich weiß Bescheid!« Und schon ist die junge Frau im Kinderzimmer verschwunden.

Der Abend ist gekommen. Im Kinderzimmer

ist es still. Luise schläft. Lotte schläft.

Frau Körner und der Kapellmeister haben bis vor wenigen Minuten im Nebenzimmer gesessen. Sie haben vieles besprochen. Dann ist er aufgestanden und hat gesagt: »So! Nun muss ich gehen!«

Sie bringt ihn zur Tür.

»Falls es wieder schlimmer werden sollte, ich bin im Atelier.« »Mach dir keine Sorgen!«, sagt sie. »Vergiss lieber nicht, dass du vielen Schlaf nachzuholen hast.« Er nickt. »Gute Nacht.«

»Gute Nacht.«

Während er langsam die Treppe heruntergeht, ruft sie leise: »Ludwig!« Er dreht sich fragend um.

»Kommst du morgen zum Frühstück?«

»Ich komme!«

Eine Stunde später steigt vor dem Atelier eine junge Dame aus einem Auto.

»Du?«, fragt Ludwig Palfy oben an der Tür.

»Richtig!« bemerkt Irene Gerlach scharf und tritt ins Atelier. Sie setzt sich, zündet eine Zigarette an und betrachtet den Mann. Er sagt nichts.

»Warum lässt du dich am Telefon *verleug-*

verleugnen, hier: sagen, dass man nicht da ist

nen?«, fragt sie.

»Ich konnte nicht mit dir sprechen. Das Kind war schwer krank. Außerdem ist meine Frau jetzt da!«

»Wer?«

»Meine geschiedene Frau. Sie kam heute morgen mit dem anderen Kind.«

»Mit dem anderen Kind?«, fragt die junge Dame.

»Ja, es sind Zwillinge.« Er erzählt ihr, was er erst seit gestern weiß.

Die Dame lacht böse. »Die Situation ist pikant, nicht wahr? In der einen Wohnung sitzt eine Frau, mit der du nicht mehr, und in der anderen eine, mit der du noch nicht verheiratet bist!«

Er wird ärgerlich. »Es gibt noch viel mehr Wohnungen, wo Frauen sitzen, mit denen ich noch nicht verheiratet bin!«

»Oh!« Sie steht auf.

»Entschuldige, Irene, ich bin nervös!«

»Entschuldige, Ludwig, ich auch!« Bums! Die Tür ist zu, und Fräulein Gerlach ist gegangen.

Einige Zeit starrt Herr Palfy auf die Tür. Dann geht er zum Flügel und setzt sich.

Eine Zeitlang spielt er vom Blatt. Dann *moduliert* er. Von c-moll nach Es-Dur. Und langsam, ganz langsam erklingt eine neue Melodie. Eine Melodie, so einfach, als ob zwei kleine Mädchen mit ihren hellen, reinen Kinderstimmen sie singen würden. Auf einer Sommerwiese, an einem See, in dem sich der blaue Himmel spiegelt.

Elftes Kapitel

Lottchen ist wieder gesund. Sie trägt auch wieder ihre Zöpfe. Und Luise hat wie früher ihre Locken. Sie helfen Mutti und der Resi. Sie spielen im Kinderzimmer, singen zusammen, während Vati am Klavier sitzt. Oder sie besuchen Herrn Gabele in der Nachbarwohnung.

Und manchmal, ja, da schauen sich die Schwestern ängstlich in die Augen. Was wird werden?

Am 14. Oktober haben die Mädchen Geburtstag. Selbstgebackenen Kuchen und heiße Schokolade hat es gegeben und Vati hat ein wunderschönes »Geburtstagslied für Zwillinge« gespielt.

Nun dreht er sich auf dem Klavier*schemel* herum und fragt: »Warum durften wir euch

modulieren, von einer Tonart und Klangfarbe in eine andere gehen
der Schemel, kleine Sitzbank

eigentlich nichts schenken?«

Lottchen holt tief *Atem* und sagt: »Weil wir uns etwas wünschen, was man nicht kaufen kann!«

»Was wünscht ihr euch denn?«, fragt Mutti.

Nun holt Luise tief Luft. Dann erklärt sie: »Lotte und ich wünschen uns von euch zum Geburtstag, dass wir von nun an immer zusammenbleiben dürfen!« Endlich ist es heraus!

Die Eltern schweigen.

Lotte sagt ganz leise: »Dann braucht ihr uns auch niemals im Leben wieder etwas zu schenken! Zu keinem Geburtstag. Und zu keinem Weihnachtsfest mehr!«

»Ihr könnt es wenigtens versuchen!« Luise hat Tränen in den Augen.

Der Vater steht auf. »Ist es dir recht, Luiselotte, wenn wir nebenan ein paar Worte miteinander sprechen?«

»Ja, Ludwig«, antwortet seine geschiedene Frau.

Und nun gehen die zwei ins Nebenzimmer.

»*Daumen* halten!«, flüstert Luise aufgeregt. Vier Daumen werden von vier Händen umklammert und gedrückt. Lotte bewegt tonlos die Lippen.

»Betest du?«, fragt Luise. Lotte nickt. Da

der Atem, die Luft, die man durch Mund und Nase zieht

fängt auch Luise an, die Lippen zu bewegen.

»Wenn wir von uns absehen«, sagt gerade Herr Palfy nebenan und schaut auf den Fußboden, »so wäre es bestimmt das Beste, die Kinder würden nicht wieder getrennt.«

»Bestimmt«, meint die junge Frau.

Er schaut noch immer auf den Fußboden.

»Ich bin also damit einverstanden, dass du … dass du sie beide zu dir nach München nimmst.«

Sie greift sich ans Herz.

»Ach, Ludwig, hast du wirklich nicht gemerkt, wonach sich die Kinder *sehnen*, und was sie nur nicht auszusprechen wagen?«

»Natürlich hab ich es gemerkt!« Er tritt ans Fenster. »Natürlich weiß ich, was sie wollen! Sie wollen, dass auch du und ich zusammenbleiben!«

sehnen, etwas sehr wünschen

»Vater und Mutter wollen sie haben, unsere Kinder! Ist das *unbescheiden*?«, fragt die Frau.

»Nein! Aber es gibt auch bescheidene Wünsche, die nicht zu erfüllen sind.«

»Warum nicht?«

Überrascht wendet er sich um. »Das fragst du mich? Nach allem, was war?«

Sie schaut ihn ernst an und nickt. Dann sagt sie:

»Ja! Nach allem, was gewesen ist!«

Luise steht an der Tür und presst ein Auge ans Schlüsselloch. »Oh, oh, oh! Vati gibt Mutti einen Kuss!«

Lottchen schiebt die Schwester weg und starrt nun durch das *Schlüsselloch*.

»Nun?«, fragt Luise. »Noch immer?«

»Nein«, flüstert Lotte und richtet sich strahlend hoch. »Nun gibt Mutti Vati einen Kuss!«

Da fallen sich die Zwillinge glücklich in die Arme.

das Schlüsselloch

unbescheiden, hier: zu viel

Zwölftes Kapitel

Der alte Beamte im *Standesamt* des Ersten Wiener Bezirks nimmt eine *Trauung* vor, die ihn ab und zu ein bisschen aus der *Fassung* bringt. Die Braut ist die geschiedene Frau des Bräutigams. Die beiden Mädchen sind die Kinder des Brautpaars.

Nein, so was!

Lottchen und Luise sitzen auf ihren Stühlen und sind mächtig stolz! Denn sie selber sind ja an dem herrlichen Glück schuld. Leicht war es auch nicht gerade gewesen.

Abenteuer, Tränen, Angst, Lügen, Verzweiflung, Krankheit, nichts war ihnen gespart geblieben!

In der Rotenturmstraße wartet Resi. Sie überreicht dem »neuen« Ehepaar einen mächtigen Blumenstrauß.

»Ich danke Ihnen, Resi«, sagt die junge Frau. »Und ich freue mich, dass Sie bei uns bleiben wollen!«

»Moment!«, sagt der Herr Kapellmeister. »Ich muss erst einmal in die andere Wohnung!«

das Standesamt, Büro, wo geheiratet wird
die Trauung, der öffentliche Teil des Heiratens
die Fassung, Selbstbeherrschung

Alle starren ihn an. Schon am Hochzeitstag will er wieder ins Atelier in der Ringstraße?

Nur die Resi lacht lautlos in sich hinein.

Herr Palfy geht zu Herr Gabeles Wohnungstür und schließt in aller Ruhe auf. Lottchen rennt zu ihm. An der Tür ist ein neues

Schild angebracht, und auf dem neuen Schild steht »Palfy«!

»Oh, Vati!«, ruft sie überglücklich.

»Geht mit Resi in die Küche und helft ihr. Ich zeig Mutti meine Wohnung. Und wenn das Essen soweit ist, klingelt ihr!« Er nimmt seine Frau an der Hand.

»Was für eine schöne Überraschung!«, meint sie.

»Es war schon lange Lottchens Wunsch, bevor es auch meiner wurde«, sagt er und führt sie ins Arbeitszimmer. »Im dritten *Stock* links werden wir zu viert glücklich sein, und im dritten Stock rechts ich allein, aber mit euch Wand an Wand.«

Er legt den Arm um sie.

»Ich hätte nie geglaubt, dass es das gibt!«, sagt sie leise.

»Was?«

»Dass man verlorenes Glück nachholen kann, wie eine *versäumte* Schulstunde.«

Aus der Nebenwohnung dringt Lachen.

»Kannst du denn bei solchem Lärm arbeiten?«, fragt die Frau erschrocken.

Er geht an den Flügel und sagt, während er ihn öffnet: »Nur bei solchem Lärm!« Und er

der Stock, Etage in einem Wohnhaus
versäumen, etwas nicht tun

spielt seiner Frau das *Duett* in Es-Dur vor, das bis in die Küche der Nachbarwohnung dringt.

Die drei dort sind so leise wie möglich, um sich auch keinen Ton entgehen zu lassen.

Als das Lied ausklingt, fragt Lottchen vorsichtig: »Wie ist das eigentlich, Resi? Nun, wo Vati und Mutti wieder mit uns zusammen sind, können Luise und ich doch noch Geschwister bekommen?«

»Ja, sicher!«, erklärt Resi. »Wollt ihr denn welche haben?«

»Natürlich«, meint Luise.

»Buben oder Mädchen«, fragt Resi.

»Buben und Mädchen!«, sagt Lottchen.

Luise aber ruft: »Und *lauter* Zwillinge!«

das Duett, Musikstück für zwei Sänger
lauter, nur

FRAGEN

1. Warum ist Luise so böse darüber, dass Lotte ihr zum Verwechseln ähnlich sieht?

2. Woher weiß Trude, – als die beiden Zopfmädchen vor ihr stehen, – wer von ihnen Luise ist?

3. Wodurch entdecken Luise und Lotte, dass sie Schwestern sind?

4. Aus welchem Grund schicken Luise und Lotte die Fotos doch nicht nach Hause?

5. Wieso sind die anderen Kinder eifersüchtig auf Lotte?

6. Wer von den beiden Mädchen fährt nach Wien, und wer nach München?

7. Wie geht es ihnen?

8. Aus welchem Grund wünscht sich Lotte, dass der Vater sein Atelier mit der Wohnung des Malers tauscht?

9. Warum besucht Lotte Fräulein Gerlach?

10. Was geschieht, als plötzlich die Fotos auftauchen?

SPRACHÜBUNGEN

A. *Setze* ***der***, ***die*** *oder* ***das*** *ein:*

1. Im Theater hebt sich … Vorhang.
2. … Holzhauer und seine Frau sind arm.
3. … Eltern haben kein Brot für … Kinder.
4. Darum schicken … Eltern ihre Kinder in den Wald.
5. … kleine Pfefferkuchenhaus liegt mitten im Wald.
6. … Kinder hören … Hexenstimme und erschrecken.
7. In … Loge beugt sich … Fräulein zu dem Kind, schiebt ihm den Konfekt zu und flüstert: »Willst du auch ein bisschen knuspern?«
8. … Kind sieht … Frauengesicht vor sich und wird ganz steif vor Schreck.
9. … Dame lächelt.

B. *Bilde das Präteritum:*

Luise hockt mit ihren Freundinnen auf der Gartenmauer. Auch Trude, ihre Freundin aus Wien, wartet auf den Bus.

Die anderen Kinder sperren den Mund auf und lachen und jubeln.

Lotte beugt sich aus dem Fenster und Luise winkt ihr zu.

Das Telefon klingelt und der Vater antwortet kurz.

Luise schüttelt wieder ihre Locken.

Die Schwestern besuchen Herrn Gabele.

»Was wünscht ihr euch denn?«, fragt die Mutti.

C. *Setze die richtige Form von* ***sein*** *oder* ***haben*** *ein:*

Sie fragt: .... du mir noch böse?
Ich .... keine Geschwister, ... du welche?
Wer von euch .... Luise und wer .... Lotte?
Ich .... ein Foto von unserer Mutti.
Warum .... sie uns geteilt?
Ich .... Angst vor dem Kochen.
Das .... kein Kinderspiel.

Man .... es schwer mit den Eltern.
Resi .... ein anderer Mensch geworden.
Ich .... in Sorge, sagt die Mutter.
Im Oktober .... die Mädchen Geburtstag.
Vati und Mutti .... wieder zusammen.

D. *Setze die fehlenden Wörter ein.*
Die Anfangsbuchstaben ergeben einen Namen – von hinten gelesen.

Die Zwillinge haben im Oktober ....

Fräulein Gerlach will das Kind in ein .... schicken.

In der ersten Nacht hört Luise leises .... vom Nebenbett.

An einem späten Abend steigt eine junge .... aus dem Auto.

Im Ferienheim wird jeden Tag um zwölf .... zu Mittag gegessen.

Luise hat den Kopf voller Einfälle und voller ....

EASY READERS *Dänemark*

ERNST KLETT SPRACHEN *Deutschland*

Ein Verzeichnis aller bisher erschienenen EASY READERS in deutscher Sprache finden Sie auf der vorletzten Umschlagseite.

Diese Ausgabe ist gekürzt und vereinfacht und ist damit für den Deutschlernenden leicht zu lesen.

Die Wortwahl und der Satzbau richten sich - mit wenigen Ausnahmen - nach der Häufigkeit der Anwendung und dem Gebrauchswert für den Leser.

Weniger gebräuchliche oder schwer zugängliche Wörter werden durch Zeichnungen oder Fußnoten in leicht verständlichem Deutsch erklärt.

EASY READERS sind unentbehrlich für Schule und Selbststudium.

EASY READERS sind auch auf Französisch, Englisch, Spanisch, Italienisch und Russisch vorhanden.

EASY READERS BISHER ERSCHIENEN:

Angelika Mechtel: Flucht ins fremde Paradies (C)
Anonym: Till Eulenspiegel (A)
Christoph Wortberg: Novembernacht (B)
Erich Kästner: Als ich ein kleiner Junge war (B)
Erich Kästner: Das doppelte Lottchen (A)
Erich Kästner: Das fliegende Klassenzimmer (B)
Erich Kästner: Der kleine Grenzverkehr (D)
Erich Kästner: Drei Männer im Schnee (C)
Erich Kästner: Emil und die Detektive (B)
Erich Kästner: Pünktchen und Anton (B)
Gottfried August Bürger: Münchhausens Abenteuer (A)
Gregor Tessnow: Knallhart (C)
Gudrun Pausewang: Die Wolke (B)
Hansjörg Martin: Kein Schnaps für Tamara (B)
Heinrich Böll: Haus ohne Hüter (B)
Herbert Reinecker: Fälle für den Kommissar (C)
Inge Meyer-Dietrich: Und das nennt ihr Mut (A)
Inge Scholl: Die weisse Rose (B)
Johanna Spyri: Heidi (0)
Marie Luise Kaschnitz: Kurzgeschichten (B)
Michael Ende: Lenchens Geheimnis (A)
Otfried Preußler: Krabat (C)
Peter Härtling: Ben liebt Anna (A)
Peter Härtling: Paul, das Hauskind (B)
Siegfried Lenz: Das Feuerschiff (B)
Siegfried Lenz: Deutschstunde (B)
Stefan Zweig: Novellen (C)
Thomas Brussig: Am kürzeren Ende der Sonnenallee (C)
Uwe Timm: Am Beispiel meines Bruders (C)

Alle Titel finden Sie auf easyreaders.eu.